Herzlich Willkommen zu unserem Buch über das Thema "Geld verdienen"! In der heutigen Welt ist das Thema Geld verdienen ein wichtiger Bestandteil unserer Leben. Egal, ob Sie Ihr eigenes Unternehmen gründen, als Freelancer arbeiten oder einfach nur Ihr Einkommen verbessern möchten, es gibt viele Möglichkeiten, um finanzielle Stabilität und Erfolg zu erreichen.

Unser Buch bietet eine Schritt-für-Schritt-Anleitung, um Ihnen zu helfen, Ihre finanziellen Ziele zu erreichen. Wir zeigen Ihnen, wie Sie Ihre Fähigkeiten und Talente online verkaufen, wie Sie ein erfolgreiches Online-Geschäft aufbauen und wie Sie in Aktien und Kryptowährungen investieren können. Darüber hinaus helfen wir Ihnen dabei, Ihre Stärken zu identifizieren und zu nutzen, um in der heutigen digitalen Welt erfolgreich zu sein.

Egal, ob Sie gerade erst anfangen, sich mit dem Thema "Geld verdienen" auseinanderzusetzen oder bereits Erfahrung haben, unser Buch bietet Ihnen wertvolle Einblicke und Tipps, um Ihre finanzielle Zukunft zu sichern. Wir glauben fest daran, dass jeder Mensch die Fähigkeit hat, seine finanzielle Situation zu verbessern und finanzielle Freiheit zu erlangen. Wir hoffen, dass unser Buch Ihnen dabei hilft, Ihre Ziele zu erreichen und Ihr volles Potenzial zu entfalten.

Wir haben dieses Buch mit viel Sorgfalt und Hingabe zusammengestellt und hoffen, dass es für Sie eine wertvolle Ressource sein wird. Wir würden uns sehr freuen, wenn Sie uns Ihre Meinung über das Buch mitteilen und uns eine Bewertung hinterlassen. Wir bedanken uns herzlich bei Ihnen für Ihr Interesse an unserem Buch und wünschen Ihnen viel Erfolg auf Ihrem Weg zu finanzieller Stabilität und Erfolg!

Inhaltsverzeichnis

1: Verstehen Sie den Markt

Einer der wichtigsten Faktoren für den Erfolg im Jahr 2023 ist das Verständnis des Marktes. In diesem Kapitel werden wir diskutieren, wie sich der Markt verändert hat und welche neuen Trends und Möglichkeiten es gibt.

Kapitel 2: Identifizieren Sie Ihre Stärken

Jeder Mensch hat seine Stärken und Schwächen. Im zweiten Kapitel werden wir besprechen, wie Sie Ihre Stärken identifizieren können und wie Sie diese nutzen können, um im Jahr 2023 erfolgreich zu sein.

Kapitel 3: Finden Sie eine Nische

Eine Möglichkeit, im Jahr 2023 erfolgreich zu sein, ist es, eine Nische zu finden. In diesem Kapitel werden wir diskutieren, wie Sie eine profitable Nische identifizieren und wie Sie Ihr Geschäft auf diese Nische ausrichten können.

Kapitel 4: Schaffen Sie eine starke Online-Präsenz

Im Jahr 2023 ist eine starke Online-Präsenz unerlässlich, um erfolgreich zu sein. In diesem Kapitel werden wir besprechen, wie Sie eine starke Online-Präsenz aufbauen können und welche Tools und Technologien Sie dabei unterstützen können.

Kapitel 5: Nutzen Sie Social Media

Social Media ist im Jahr 2023 ein wichtiger Faktor für den Erfolg. In diesem Kapitel werden wir diskutieren, wie Sie Social Media nutzen können, um Ihre Reichweite zu erhöhen und mit potenziellen Kunden in Kontakt zu treten.

Kapitel 6: Investieren Sie in Ihre Bildung und Fähigkeiten

Im Jahr 2023 ist es wichtiger denn je, in Ihre Bildung und Fähigkeiten zu investieren. In diesem Kapitel werden wir besprechen, wie Sie Ihre Fähigkeiten verbessern können und welche Bildungsressourcen Ihnen dabei helfen können.

Kapitel 7: Arbeiten Sie hart und smart

Um im Jahr 2023 erfolgreich zu sein, müssen Sie hart und smart arbeiten. In diesem Kapitel werden wir diskutieren, wie Sie Ihre Arbeitsweise optimieren können, um mehr zu erreichen.

Kapitel 8: Verwalten Sie Ihr Geld richtig

Geldmanagement ist im Jahr 2023 ein entscheidender Faktor für den Erfolg. In diesem Kapitel werden wir besprechen, wie Sie Ihr Geld richtig verwalten können und welche Tools Ihnen dabei helfen können.

Kapitel 9: Netzwerken Sie

Netzwerken ist im Jahr 2023 eine wichtige Möglichkeit, um Kontakte zu knüpfen und Geschäftsmöglichkeiten zu schaffen. In diesem Kapitel werden wir diskutieren, wie Sie effektiv netzwerken und welche Netzwerk-Tools Ihnen dabei helfen können.

Kapitel 10: Seien Sie kreativ und innovativ

Kreativität und Innovation sind im Jahr 2023 entscheidende Faktoren für den Erfolg. In diesem Kapitel werden wir besprechen, wie Sie Ihre kreativen Fähigkeiten verbessern und innovative Ideen entwickeln können. Wir werden auch diskutieren, wie Sie diese Ideen umsetzen und wie Sie sich von der Konkurrenz abheben können. Außerdem werden wir besprechen, wie Sie Ihre Ideen schützen und wie Sie Ihre Kreativität langfristig erhalten können.

Kapitel 11: Nutzen Sie Affiliate-Marketing

Affiliate-Marketing ist eine Möglichkeit, um passives Einkommen zu generieren, indem Sie Produkte oder Dienstleistungen anderer Unternehmen bewerben. In diesem Kapitel werden wir besprechen, wie Affiliate-Marketing funktioniert, welche Plattformen es gibt und wie Sie damit Geld verdienen können.

Kapitel 12: Investieren Sie in Aktien und Kryptowährungen

Investitionen in Aktien und Kryptowährungen können eine profitable Möglichkeit sein, um Geld zu verdienen. In diesem Kapitel werden wir diskutieren, wie Sie in Aktien und Kryptowährungen investieren können, welche Strategien erfolgreich sind und welche Risiken es gibt.

Kapitel 13: Verkaufen Sie Ihre Fähigkeiten und Talente online

Im Jahr 2023 gibt es zahlreiche Online-Plattformen, auf denen Sie Ihre Fähigkeiten und Talente verkaufen können, wie beispielsweise das Erstellen von Grafiken, Übersetzungen oder das Schreiben von Texten. In diesem Kapitel werden wir besprechen, wie Sie Ihre Fähigkeiten und Talente online verkaufen können und welche Plattformen es gibt.

Kapitel 14: Starten Sie ein Online-Geschäft

Das Gründen eines Online-Geschäfts kann eine lukrative Möglichkeit sein, um Geld zu verdienen. In diesem Kapitel werden wir besprechen, wie Sie ein Online-Geschäft starten können, welche Schritte notwendig sind und welche Tools und Ressourcen Ihnen dabei helfen können.

Kapitel 15: Werden Sie ein Experte auf einem bestimmten Gebiet

Wenn Sie sich auf ein bestimmtes Gebiet spezialisieren und als Experte gelten, können Sie Ihre Dienstleistungen zu einem höheren Preis anbieten. In diesem Kapitel werden wir diskutieren, wie Sie ein Experte auf einem bestimmten Gebiet werden, wie Sie sich positionieren und welche Vorteile dies mit sich bringt.

Kapitel 1

(Verstehen Sie den Markt)

Das Verständnis des Marktes ist von entscheidender Bedeutung, wenn es darum geht, im Jahr 2023 erfolgreich Geld zu verdienen. Die Welt verändert sich schnell und die Digitalisierung hat den Markt stark beeinflusst. In diesem Kapitel werden wir die Auswirkungen der Digitalisierung auf den Arbeitsmarkt und die Möglichkeiten, die dies bietet, diskutieren.

Die Digitalisierung hat den Markt verändert

Die Digitalisierung hat den Arbeitsmarkt verändert und neue Möglichkeiten geschaffen. Ein großer Teil der traditionellen Arbeitsplätze, die früher sicher und stabil waren, ist verschwunden oder hat sich stark verändert. Gleichzeitig haben sich neue Bereiche wie E-Commerce, Online-Marketing und Social-Media-Management entwickelt. Die Digitalisierung hat auch die Art und Weise verändert, wie Unternehmen mit Kunden interagieren, Produkte und Dienstleistungen verkaufen und ihre Marke aufbauen.

Möglichkeiten im digitalen Zeitalter

Das digitale Zeitalter bietet viele Möglichkeiten, um erfolgreich Geld zu verdienen. Eine Möglichkeit ist, ein Unternehmen zu gründen und eine Nische im Online-Markt zu finden. Ein anderes Beispiel ist die Arbeit als Freelancer oder Online-Marketing-Experte. Eine weitere Möglichkeit ist die Arbeit in der Technologiebranche, wo eine hohe Nachfrage nach qualifizierten Arbeitskräften besteht.

Es ist wichtig, den Markt zu verstehen

Es ist wichtig, den Markt zu verstehen, um erfolgreich Geld zu verdienen. Dazu gehört die Beobachtung von Trends, die Analyse von Kundenbedürfnissen und die Kenntnis der Konkurrenz. Es ist auch wichtig, in der Lage zu sein, sich schnell an neue Entwicklungen anzupassen und Innovationen zu nutzen.Eine weitere wichtige Überlegung ist die globale Dimension des Marktes. Unternehmen und Arbeitskräfte sind heute weltweit miteinander verbunden. Daher ist es wichtig, die Trends in verschiedenen Ländern und Regionen zu beobachten und zu verstehen, um erfolgreich zu sein.

Die digitale Transformation hat die Welt verändert und den Markt zu einem globalen und wettbewerbsorientierten Ort gemacht. Die Möglichkeiten im digitalen Zeitalter sind endlos und die Chancen auf finanziellen Erfolg sind so groß wie nie zuvor. Diejenigen, die den Markt verstehen und schnell auf Veränderungen reagieren können, haben eine hohe Chance, erfolgreich zu sein.

Die Rolle von Datenanalyse im Verständnis des Marktes

Datenanalyse ist eine der Schlüsselmethoden, um den Markt zu verstehen. Unternehmen sammeln riesige Datenmengen, um die Bedürfnisse ihrer Kunden zu verstehen und ihre Produkte und Dienstleistungen zu verbessern. Indem man diese Daten analysiert, kann man wichtige Erkenntnisse gewinnen, wie beispielsweise die Trends in der Nachfrage oder die Vorlieben der Kunden. Datenanalyse ist daher ein wichtiger Bestandteil, um den Markt zu verstehen und um Entscheidungen zu treffen, die zum Erfolg führen.

Die Bedeutung von Marktforschung

Marktforschung ist eine weitere wichtige Methode, um den Markt zu verstehen. Es hilft Unternehmen, ihre Kunden zu verstehen und ihre Produkte oder Dienstleistungen an deren Bedürfnisse anzupassen. Durch Marktforschung kann man auch die Konkurrenz analysieren und Chancen für neue Produkte und Dienstleistungen identifizieren. Ein Unternehmen, das den Markt gut versteht, kann die Bedürfnisse seiner Kunden besser erfüllen und sich gegen die Konkurrenz behaupten.

Trends und deren Auswirkungen auf den Markt

Trends haben einen großen Einfluss auf den Markt. Unternehmen, die in der Lage sind, Trends zu identifizieren und schnell darauf zu reagieren, haben einen Wettbewerbsvorteil. Ein Beispiel dafür sind Unternehmen, die schnell auf den Trend des E-Commerce reagiert haben, indem sie Online-Shops und digitale Marketingkampagnen aufgebaut haben. Ebenso kann die Identifikation neuer Technologietrends, wie z.B. die Blockchain-Technologie oder die Künstliche Intelligenz, Chancen für neue Geschäftsmodelle und Produkte eröffnen.

Kapital 2
(Identifizieren Sie Ihre Stärken)

Eines der wichtigsten Dinge, um erfolgreich Geld zu verdienen, ist die Identifikation Ihrer Stärken. Wenn Sie wissen, was Sie gut können, können Sie sich auf diese Fähigkeiten konzentrieren und diese gezielt einsetzen, um finanziellen Erfolg zu erzielen. In diesem Kapitel werden wir uns darauf konzentrieren, wie Sie Ihre Stärken erkennen und gezielt einsetzen können.

Die Bedeutung von Stärken in Bezug auf finanziellen Erfolg

Stärken spielen eine entscheidende Rolle bei der Erschließung neuer Einkommensquellen. Wenn Sie wissen, was Sie gut können, können Sie Ihre Talente nutzen, um einzigartige und wertvolle Dienstleistungen oder Produkte anzubieten. Durch die gezielte Verwendung Ihrer Stärken können Sie Ihre Kunden besser bedienen und die Qualität Ihrer Arbeit steigern. Dies kann dazu beitragen, dass sich Kunden wiederholen und Mundpropaganda betreiben, was wiederum zu mehr Einkommen führt.

Wie Sie Ihre Stärken identifizieren können

Es gibt verschiedene Möglichkeiten, um Ihre Stärken zu identifizieren. Hier sind einige Tipps, die Ihnen dabei helfen können:

1. Reflektieren Sie über Ihre Vergangenheit: Schauen Sie sich Ihre Erfahrungen in Schule, Arbeit oder Freizeit an. Was haben Sie gut gemacht und was hat Ihnen Spaß gemacht?

2. Erstellen Sie eine Liste Ihrer Erfolge: Notieren Sie sich alle Erfolge und Auszeichnungen, die Sie in der Vergangenheit erreicht haben. Welche Fähigkeiten haben Ihnen dabei geholfen?

3. Fragen Sie Freunde und Familie: Fragen Sie Menschen in Ihrem Umfeld, die Sie gut kennen, welche Stärken sie an Ihnen schätzen. Oftmals haben andere Menschen eine andere Perspektive und können hilfreiche Hinweise geben.

4. Machen Sie einen Persönlichkeitstest: Persönlichkeitstests, wie z.B. der Myers-Briggs-Typenindikator oder der Big Five Personality Test, können helfen, Ihre Stärken und Schwächen zu identifizieren.

5. Probieren Sie neue Dinge aus: Manchmal können Sie Ihre Stärken erst durch das Ausprobieren neuer Dinge entdecken. Nehmen Sie sich die Zeit, neue Hobbys oder Aktivitäten

Die Stärken gezielt einsetzen

Sobald Sie Ihre Stärken identifiziert haben, sollten Sie diese gezielt einsetzen, um finanziellen Erfolg zu erzielen. Hier sind einige Möglichkeiten, wie Sie Ihre Stärken nutzen können:

1. Bauen Sie eine Karriere um Ihre Stärken auf: Wenn Sie beispielsweise kreativ sind, sollten Sie eine Karriere im Grafikdesign oder in der Werbung in Betracht ziehen.

2. Gründen Sie ein eigenes Unternehmen: Wenn Sie einzigartige Fähigkeiten oder Talente haben, können Sie Ihr eigenes Unternehmen gründen, um diese gezielt einzusetzen.

3. Nutzen Sie Ihre Stärken, um zusätzliches Einkommen zu generieren: Wenn Sie beispielsweise gut im Schreiben sind, können Sie einen Blog starten oder als Freiberufler arbeiten, um zusätzliches Einkommen

4. Kombinieren Sie Ihre Stärken: Nutzen Sie Ihre Stärken, um einzigartige Produkte oder Dienstleistungen anzubieten. Wenn Sie beispielsweise gut im Schreiben und Designen sind, können Sie eine eigene Grafikdesign-Agentur gründen, die sich auf Werbematerialien spezialisiert hat.

5. Investieren Sie in Ihre Stärken: Nutzen Sie Schulungen oder Weiterbildungen, um Ihre Fähigkeiten zu verbessern und auf dem neuesten Stand zu bleiben. Wenn Sie beispielsweise in der IT-Branche tätig sind, sollten Sie sich regelmäßig über neue Technologien und Entwicklungen informieren, um wettbewerbsfähig zu bleiben.

6. Nutzen Sie Ihre Stärken, um anderen zu helfen: Wenn Sie beispielsweise gut im Coaching oder Mentoring sind, können Sie Ihre Fähigkeiten nutzen, um anderen zu helfen und dadurch ein zusätzliches Einkommen zu generieren.

7. Vermarkten Sie Ihre Stärken: Erstellen Sie eine starke Online-Präsenz, um Ihre Stärken zu präsentieren und potenzielle Kunden zu erreichen. Nutzen Sie Social-Media-Plattformen, um Ihr Portfolio und Ihre Erfolge zu präsentieren und potenzielle Kunden zu gewinnen.

Zusammenfassung

Die Identifikation Ihrer Stärken ist ein entscheidender Schritt, um finanziellen Erfolg zu erzielen. Indem Sie sich auf Ihre Stärken konzentrieren, können Sie einzigartige und wertvolle Dienstleistungen oder Produkte anbieten, die Kunden zufriedenstellen und wiederkommen lassen. Durch die gezielte Verwendung Ihrer Stärken können Sie Ihre Karriere voranbringen, ein eigenes Unternehmen gründen oder zusätzliches Einkommen generieren. Investieren Sie in Ihre Stärken, um wettbewerbsfähig zu bleiben, und nutzen Sie Online-Plattformen, um Ihre Stärken zu präsentieren und potenzielle Kunden zu gewinnen.

Kapitel 3
(Finden Sie eine Nische)

Das dritte Kapitel des Buches "Finden Sie eine Nische" konzentriert sich darauf, wie Sie eine Nische identifizieren und in dieser Nische erfolgreich werden können. Eine Nische ist ein Marktsegment mit besonderen Bedürfnissen, das oft von größeren Unternehmen übersehen wird. Indem Sie eine Nische finden und sich darauf spezialisieren, können Sie einzigartige Produkte oder Dienstleistungen anbieten und sich von Ihren Konkurrenten abheben.

1. Identifizieren Sie eine Nische: Finden Sie heraus, wo es in Ihrem Marktsegment Bedarf gibt, und welche Nische Sie bedienen können. Analysieren Sie die Trends in Ihrer Branche, um herauszufinden, welche Bedürfnisse noch nicht erfüllt sind. Betrachten Sie auch Ihre eigenen Interessen und Fähigkeiten, um eine Nische zu finden, in der Sie sich wohl fühlen und in der Sie erfolgreich sein können.

2. Untersuchen Sie Ihre Konkurrenten: Finden Sie heraus, wer Ihre Konkurrenten sind und welche Nischen sie bedienen. Analysieren Sie ihre Strategien, ihre Produkte oder Dienstleistungen, und wo ihre Schwächen liegen. Überlegen Sie, wie Sie sich von Ihren Konkurrenten abheben und wie Sie einzigartige Produkte oder Dienstleistungen anbieten können.

3. Schaffen Sie Mehrwert: Identifizieren Sie, wie Sie den Kunden in Ihrer Nische einen Mehrwert bieten können. Stellen Sie sicher, dass Sie Produkte oder Dienstleistungen anbieten, die einen spezifischen Nutzen haben und den Kunden bei der Lösung ihrer Probleme helfen.

4. Testen Sie Ihre Ideen: Bevor Sie in eine Nische investieren, testen Sie Ihre Ideen und Produkte. Verwenden Sie Fokusgruppen oder Beta-Tests, um Feedback von Kunden zu erhalten und Ihre Produkte oder Dienstleistungen zu verbessern.

5. Skalieren Sie Ihre Ideen: Sobald Sie eine profitable Nische gefunden haben, skalieren Sie Ihre Ideen, um mehr Kunden zu erreichen. Verwenden Sie digitale Marketing-Tools, um Ihre Produkte oder Dienstleistungen zu bewerben und nutzen Sie die Macht des Social-Media-Marketings, um Ihre Zielgruppe zu erweitern.

Eine Nische zu finden kann eine der besten Entscheidungen sein, die Sie für Ihr Geschäft treffen. Wenn Sie eine Nische finden, können Sie sich auf eine bestimmte Zielgruppe konzentrieren und Produkte oder Dienstleistungen anbieten, die genau auf die Bedürfnisse dieser Zielgruppe zugeschnitten sind. Hier sind einige zusätzliche Informationen, die Ihnen helfen können, eine Nische zu finden und erfolgreich zu werden:

1. Überprüfen Sie die Keywords: Wenn Sie eine Nische finden möchten, können Sie mit einer Keyword-Recherche beginnen. Suchen Sie nach Keywords, die für Ihre Branche relevant sind, und schauen Sie sich an, welche Nischen es gibt. Verwenden Sie Keyword-Tools wie Google Keyword Planner, um herauszufinden, wonach Menschen suchen und welche Keywords für Ihre Branche am relevantesten sind.

2. Analysieren Sie Ihre Konkurrenz: Schauen Sie sich an, was Ihre Konkurrenten tun. Welche Nischen bedienen sie bereits? Was sind ihre Stärken und Schwächen? Wie können Sie sich von ihnen abheben und Ihre eigenen Stärken nutzen, um in Ihrer eigenen Nische erfolgreich zu werden?

3. Erforschen Sie Trends: Analysieren Sie die Trends in Ihrer Branche, um herauszufinden, welche neuen Bedürfnisse entstehen könnten. Schauen Sie sich die Technologie, die Verhaltensweisen der Kunden und die politischen oder wirtschaftlichen Entwicklungen an, um herauszufinden, welche Nischen sich in Zukunft entwickeln könnten.

4. Finden Sie unerfüllte Bedürfnisse: Es kann auch sinnvoll sein, nach Bedürfnissen zu suchen, die in Ihrer Branche noch nicht erfüllt sind. Überlegen Sie, was Ihre Kunden wollen, aber nicht finden können. Wenn Sie in der Lage sind, diese Bedürfnisse zu erfüllen, können Sie eine Nische schaffen, die bisher noch nicht bedient wurde.

5. Schauen Sie sich die Probleme Ihrer Kunden an: Betrachten Sie die Probleme, die Ihre Kunden haben, und finden Sie eine Möglichkeit, diese Probleme zu lösen. Wenn Sie in der Lage sind, eine Lösung zu bieten, die Ihre Kunden nicht woanders finden, können Sie eine loyale Kundenbasis aufbauen und in Ihrer Nische erfolgreich sein.

Zusammenfassung

Das Finden einer Nische kann eine wichtige Strategie sein, um in einem wettbewerbsintensiven Markt erfolgreich zu sein. Eine Nische zu finden, erfordert ein gutes Verständnis Ihrer Branche, Ihrer Zielgruppe und der Bedürfnisse Ihrer Kunden. Es erfordert auch eine gründliche Analyse Ihrer Konkurrenten und der Trends in Ihrer Branche. Eine erfolgreiche Nische erfüllt einzigartige Bedürfnisse oder Probleme, die in Ihrer Branche noch nicht gelöst wurden.

Kapitel 4
(Schaffen Sie eine starke Online-Präsenz)

Im heutigen digitalen Zeitalter ist eine starke Online-Präsenz unerlässlich, um erfolgreich zu sein. Hier sind einige wichtige Schritte, die Sie unternehmen können, um eine starke Online-Präsenz zu schaffen:

1. Erstellen Sie eine Website: Ihre Website ist das Aushängeschild Ihres Unternehmens. Es ist wichtig, dass Sie eine Website erstellen, die professionell aussieht und alle wichtigen Informationen über Ihr Unternehmen enthält. Stellen Sie sicher, dass Ihre Website mobiloptimiert ist und benutzerfreundlich gestaltet ist.

2. Nutzen Sie soziale Medien: Soziale Medien sind ein wichtiger Bestandteil Ihrer Online-Präsenz. Verwenden Sie Plattformen wie Facebook, Instagram und Twitter, um Ihre Marke zu bewerben, Inhalte zu teilen und mit Kunden zu interagieren. Es ist wichtig, dass Sie konsistent und regelmäßig auf Ihren sozialen Medien aktiv sind, um eine starke Präsenz aufzubauen.

3. Erstellen Sie wertvolle Inhalte: Die Erstellung von Inhalten ist ein wichtiger Bestandteil Ihrer Online-Präsenz. Erstellen Sie Inhalte, die für Ihre Zielgruppe relevant und wertvoll sind, um Vertrauen aufzubauen und eine loyale Kundenbasis zu schaffen. Verwenden Sie Blog-Posts, Videos, Infografiken und andere Arten von Inhalten, um Ihre Zielgruppe zu erreichen.

4. Suchmaschinenoptimierung (SEO): Suchmaschinenoptimierung ist ein wichtiger Bestandteil Ihrer Online-Präsenz. Sie sollten sicherstellen, dass Ihre Website für Suchmaschinen optimiert ist, um in den Suchergebnissen oben zu erscheinen. Verwenden Sie relevante Keywords, erstellen Sie wertvolle Inhalte und achten Sie auf die Technik, um sicherzustellen, dass Ihre Website für Suchmaschinen optimiert ist.

5. Nutzen Sie E-Mail-Marketing: E-Mail-Marketing ist ein wichtiger Bestandteil Ihrer Online-Präsenz. Nutzen Sie E-Mail-Marketing, um Kundenbindung aufzubauen, um Feedback zu sammeln und um Ihre Produkte und Dienstleistungen zu bewerben. Es ist wichtig, dass Sie relevante E-Mails senden, die für Ihre Zielgruppe von Wert sind.

6. Betreiben Sie Online-Werbung: Online-Werbung ist ein wichtiger Bestandteil Ihrer Online-Präsenz. Nutzen Sie Online-Werbung, um Ihre Zielgruppe zu erreichen und um neue Kunden zu gewinnen. Nutzen Sie Plattformen wie Google AdWords, Facebook Ads und LinkedIn Ads, um Ihre Produkte und Dienstleistungen zu bewerben.

7. Personalisieren Sie Ihre Website: Eine personalisierte Website kann Ihren Kunden helfen, sich stärker mit Ihrem Unternehmen zu identifizieren. Bieten Sie personalisierte Empfehlungen und benutzerdefinierte Inhalte an, die auf den Bedürfnissen Ihrer Kunden basieren.

8. Nutzen Sie Influencer-Marketing: Influencer-Marketing kann Ihnen dabei helfen, Ihre Zielgruppe zu erreichen und Ihre Marke zu bewerben. Suchen Sie nach Influencern in Ihrer Branche und arbeiten Sie mit ihnen zusammen, um Ihre Produkte und Dienstleistungen zu bewerben.

9. Verfolgen Sie Ihre Online-Präsenz: Es ist wichtig, dass Sie Ihre Online-Präsenz überwachen und verfolgen, um sicherzustellen, dass Ihre Marke einen guten Ruf hat. Nutzen Sie Tools wie Google Analytics, um zu verstehen, wie Ihre Website genutzt wird, und verwenden Sie Social-Media-Monitoring-Tools, um zu verstehen, was über Ihre Marke in den sozialen Medien gesagt wird.

10. Bieten Sie exzellenten Kundenservice: Ein exzellenter Kundenservice ist ein wichtiger Bestandteil Ihrer Online-Präsenz. Bieten Sie Ihren Kunden eine schnelle und effektive Lösung für ihre Probleme an und stellen Sie sicher, dass Sie immer erreichbar sind, um Fragen zu beantworten und Feedback zu sammeln.

11. Verwenden Sie Online-Bewertungen und Empfehlungen: Online-Bewertungen und Empfehlungen sind ein wichtiger Bestandteil Ihrer Online-Präsenz. Bitten Sie Ihre Kunden, Bewertungen abzugeben und Empfehlungen auszusprechen, um das Vertrauen in Ihre Marke aufzubauen.

12. Bleiben Sie auf dem neuesten Stand: Das Internet ist ständig im Wandel und es ist wichtig, dass Sie auf dem neuesten Stand bleiben. Verfolgen Sie die neuesten Trends und Entwicklungen in Ihrer Branche und passen Sie Ihre Online-Präsenz entsprechend an, um sicherzustellen, dass Sie immer relevant bleiben.

Zusammenfassung

Eine starke Online-Präsenz erfordert eine sorgfältige Planung und Ausführung. Personalisieren Sie Ihre Website, nutzen Sie Influencer-Marketing, verfolgen Sie Ihre Online-Präsenz, bieten Sie exzellenten Kundenservice, verwenden Sie Online-Bewertungen und Empfehlungen und bleiben Sie auf dem neuesten Stand. Indem Sie diese Schritte unternehmen, können Sie eine starke Online-Präsenz aufbauen, die es Ihnen ermöglicht, Ihre Zielgruppe zu erreichen und Ihr Geschäft zu skalieren.

Kapitel 5
(Nutzen Sie Social Media)

In der heutigen Welt ist es unmöglich, das Potenzial der sozialen Medien für die Geschäftsentwicklung zu ignorieren. Die sozialen Medien bieten eine einzigartige Möglichkeit, Ihre Marke bekannt zu machen, mit Kunden zu interagieren und ein Publikum aufzubauen. In diesem Kapitel werden wir uns auf die verschiedenen Möglichkeiten konzentrieren, wie Sie soziale Medien nutzen können, um Ihr Unternehmen zu fördern und Ihre Reichweite zu erhöhen.

Identifizieren Sie die richtigen sozialen Medien: Es gibt viele soziale Medien, aber nicht alle sind für jedes Unternehmen geeignet. Es ist wichtig, die sozialen Medien zu identifizieren, die für Ihre Zielgruppe am relevantesten sind. Finden Sie heraus, welche sozialen Medien Ihre Zielgruppe bevorzugt und konzentrieren Sie Ihre Bemühungen darauf.

1. Entwickeln Sie eine Strategie: Eine Strategie für soziale Medien ist unerlässlich, um erfolgreich zu sein. Entwickeln Sie eine Strategie, die auf den Bedürfnissen Ihrer Zielgruppe basiert und definieren Sie, welche Art von Inhalten Sie erstellen werden. Berücksichtigen Sie auch die verschiedenen sozialen Medien und passen Sie Ihre Inhalte entsprechend an.

2. Erstellen Sie qualitativ hochwertige Inhalte: Das Erstellen von qualitativ hochwertigen Inhalten ist der Schlüssel zu einer erfolgreichen Präsenz in sozialen Medien. Erstellen Sie Inhalte, die auf die Bedürfnisse Ihrer Zielgruppe abgestimmt sind und die das Engagement fördern. Bieten Sie wertvolle Informationen, die die Leser weitergeben und teilen wollen.

3. Interagieren Sie mit Ihrem Publikum: Die Interaktion mit Ihrem Publikum ist unerlässlich, um eine starke Präsenz in sozialen Medien aufzubauen. Beantworten Sie Fragen und Kommentare, teilen Sie Inhalte anderer und ermutigen Sie Ihre Zielgruppe, mit Ihnen in Kontakt zu treten.

4. Nutzen Sie Anzeigen: Anzeigen sind eine effektive Möglichkeit, um Ihre Reichweite in sozialen Medien zu erhöhen. Nutzen Sie Anzeigen, um Ihre Zielgruppe zu erreichen und Ihre Marke bekannt zu machen. Passen Sie Ihre Anzeigen entsprechend an, um sicherzustellen, dass sie auf die Bedürfnisse Ihrer Zielgruppe abgestimmt sind.

5. Verfolgen Sie Ihre Ergebnisse: Es ist wichtig, die Ergebnisse Ihrer sozialen Medien-Bemühungen zu verfolgen. Nutzen Sie Analytics-Tools, um zu verstehen, wie Ihre Inhalte genutzt werden und wie Ihre Zielgruppe mit Ihnen interagiert. Nutzen Sie diese Daten, um Ihre Strategie anzupassen und Ihre Ergebnisse zu verbessern.

In unserem zunehmend digitalen Zeitalter ist Social Media zu einem wichtigen Bestandteil unseres täglichen Lebens geworden. Es gibt heute mehr als 4,2 Milliarden aktive Nutzer von Social-Media-Plattformen auf der ganzen Welt. Das macht Social Media zu einem unverzichtbaren Werkzeug für alle, die erfolgreich im Online-Marketing sein wollen. In diesem Kapitel werden wir untersuchen, wie Sie Social Media nutzen können, um Ihre Online-Präsenz zu stärken und mehr Kunden zu gewinnen

Die erste Frage, die Sie sich stellen sollten, ist: Welche Social-Media-Plattformen sollten Sie nutzen? Es gibt viele verschiedene Plattformen wie Facebook, Instagram, Twitter, LinkedIn, TikTok und viele weitere. Die Antwort darauf hängt von Ihrer Zielgruppe und Ihrem Geschäft ab. Wenn Sie zum Beispiel Produkte für Jugendliche verkaufen, wäre TikTok eine gute Wahl. Wenn Sie jedoch eine Business-to-Business-Strategie haben, sollten Sie sich eher auf LinkedIn konzentrieren.

Die erste Frage, die Sie sich stellen sollten, ist: Welche Social-Media-Plattformen sollten Sie nutzen? Es gibt viele verschiedene Plattformen wie Facebook, Instagram, Twitter, LinkedIn, TikTok und viele weitere. Die Antwort darauf hängt von Ihrer Zielgruppe und Ihrem Geschäft ab. Wenn Sie zum Beispiel Produkte für Jugendliche verkaufen, wäre TikTok eine gute Wahl. Wenn Sie jedoch eine Business-to-Business-Strategie haben, sollten Sie sich eher auf LinkedIn konzentrieren.

Wenn Sie eine Social-Media-Plattform gewählt haben, müssen Sie eine Strategie entwickeln, die auf die Besonderheiten dieser Plattform zugeschnitten ist. Jede Plattform hat ihre eigenen Besonderheiten und Best Practices. So sind beispielsweise Bilder und kurze Videos auf Instagram besonders beliebt, während LinkedIn eher für das Teilen von Artikeln und Fachwissen genutzt wird.

Es ist auch wichtig, Ihre Social-Media-Kanäle regelmäßig zu pflegen. Posten Sie regelmäßig relevante Inhalte, um das Engagement Ihres Followers zu steigern. Sie können auch verschiedene Arten von Inhalten ausprobieren, wie z.B. Bilder, Videos, Infografiken oder Umfragen. So finden Sie heraus, was bei Ihrer Zielgruppe am besten ankommt.

Ein weiterer wichtiger Aspekt bei der Nutzung von Social Media ist das Engagement mit Ihren Followern. Beantworten Sie Kommentare und Nachrichten, um eine persönliche Beziehung aufzubauen. Fragen Sie auch Ihren Follower nach ihrer Meinung und bieten Sie ihnen Mehrwert, indem Sie ihnen beispielsweise hilfreiche Tipps und Ratschläge geben.

Es ist auch wichtig, Ihre Social-Media-Präsenz zu messen und zu analysieren. Verfolgen Sie Ihre Followerzahlen, Ihr Engagement und Ihre Reichweite, um zu sehen, welche Inhalte am besten funktionieren. Nutzen Sie Tools wie Google Analytics, um den Traffic von Ihren Social-Media-Kanälen auf Ihre Website zu messen. Insgesamt kann Social Media ein mächtiges Werkzeug sein, um Ihre Online-Präsenz zu stärken und mehr Kunden zu gewinnen. Es erfordert jedoch eine kluge Strategie, regelmäßige Pflege und Engagement mit Ihren Followern, um erfolgreich zu sein.

Kapitel 6
(Investieren Sie in Ihre Bildung und Fähigkeiten)

Das Investieren in Ihre Bildung und Fähigkeiten ist ein wesentlicher Bestandteil, um erfolgreich Geld zu verdienen. In diesem Kapitel werden wir untersuchen, warum Bildung und Fähigkeiten so wichtig sind und wie Sie in sie investieren können, um Ihre Karriere und Ihr Einkommen zu verbessern.

In der heutigen Arbeitswelt gibt es ständig neue Entwicklungen und Technologien, die es erforderlich machen, dass wir uns ständig weiterbilden. Eine ständige Fortbildung ist der beste Weg, um auf dem Laufenden zu bleiben und wettbewerbsfähig zu bleiben. Es gibt viele verschiedene Möglichkeiten, in Ihre Bildung und Fähigkeiten zu investieren, wie beispielsweise Online-Kurse, Workshops, Seminare und Konferenzen.

Ein weiterer wichtiger Aspekt ist, dass Sie Ihre Fähigkeiten verbessern und erweitern, um wertvoller für Ihre Arbeitgeber oder Kunden zu werden. Hierbei geht es um Fähigkeiten, die Sie in Ihrer Arbeit benötigen, wie z.B. Soft Skills oder technische Fähigkeiten. Durch den Erwerb neuer Fähigkeiten können Sie bessere Ergebnisse erzielen und mehr Erfolg haben.

Ein weiterer wichtiger Aspekt ist, dass Sie Ihre Netzwerke erweitern und sich mit anderen in Ihrer Branche vernetzen sollten. Dadurch können Sie neue Möglichkeiten und Kontakte knüpfen, die Ihnen helfen, Ihr Wissen und Ihre Fähigkeiten zu erweitern und Ihr Einkommen zu verbessern. Sie können auch von anderen lernen und wertvolle Tipps und Ratschläge erhalten.

Sie können auch überlegen, in eine höhere Ausbildung zu investieren, um Ihre Karrierechancen und Ihr Einkommen zu verbessern. Eine höhere Ausbildung, wie beispielsweise ein Master-Abschluss, kann Ihnen den Zugang zu höher bezahlten Jobs und mehr Karrieremöglichkeiten ermöglichen.

Um in Ihre Bildung und Fähigkeiten zu investieren, gibt es viele Möglichkeiten, die über traditionelle Bildungseinrichtungen wie Hochschulen und Universitäten hinausgehen. Zum Beispiel können Sie Online-Kurse oder Webinare besuchen, die von erfahrenen Fachleuten angeboten werden. Diese Kurse sind oft preiswerter und flexibler als traditionelle Bildungsmöglichkeiten und können Ihnen dabei helfen, neue Fähigkeiten zu erwerben oder Ihr vorhandenes Wissen zu erweitern.

Eine weitere Option ist, eine Mentorin oder einen Mentor zu finden, der Ihnen wertvolles Feedback und Unterstützung bei der Entwicklung Ihrer Fähigkeiten und Karriere bietet. Sie können auch in ein Coaching-Programm investieren, das Ihnen bei der Identifizierung und Überwindung von Hindernissen in Ihrer Karriere hilft.

Es gibt auch viele Fachverbände und Branchenorganisationen, die Schulungen, Workshops und Netzwerkveranstaltungen anbieten. Diese Veranstaltungen sind oft spezifisch auf bestimmte Branchen oder Bereiche ausgerichtet und können Ihnen dabei helfen, sich mit anderen Fachleuten zu vernetzen und sich über die neuesten Entwicklungen in Ihrem Bereich auf dem Laufenden zu halten.

Ein weiterer Aspekt, den es zu berücksichtigen gilt, ist die Fähigkeit, neue Fähigkeiten und Technologien schnell zu erlernen. Die Geschwindigkeit, mit der sich die Arbeitswelt verändert, erfordert eine schnelle Anpassung an neue Technologien und Methoden. Sie sollten sich darum bemühen, sich mit den neuesten Trends in Ihrem Bereich vertraut zu machen und sich ständig auf dem neuesten Stand zu halten.

Schließlich ist es wichtig, nicht nur in Ihre technischen Fähigkeiten zu investieren, sondern auch in Ihre Soft Skills. Diese umfassen Fähigkeiten wie Kommunikation, Zusammenarbeit und Führung, die in fast jeder Karriere wichtig sind. Die Verbesserung Ihrer Soft Skills kann Ihnen dabei helfen, besser mit Kollegen und Kunden zu kommunizieren, effektiver zu arbeiten und Ihre Karriere zu fördern.

Insgesamt ist das Investieren in Ihre Bildung und Fähigkeiten ein wesentlicher Bestandteil des Geldverdienens und des beruflichen Erfolgs. Es gibt viele Möglichkeiten, in Ihre Bildung und Fähigkeiten zu investieren, wie Online-Kurse, Mentoring, Coaching, Branchenverbände und Soft-Skill-Entwicklung. Indem Sie in Ihre Bildung und Fähigkeiten investieren, können Sie Ihre Karrierechancen verbessern, Ihre Fähigkeiten erweitern und Ihr Einkommen steigern.

Kapitel 7
(Arbeiten Sie hart und smart)

Das siebte Kapitel des Buches "Arbeiten Sie hart und smart" betont die Bedeutung von harter Arbeit und schlauer Arbeit, um Geld zu verdienen und erfolgreich zu sein. Obwohl es wichtig ist, hart zu arbeiten, um ein solides Fundament aufzubauen, ist es auch wichtig, die Zeit und Energie, die Sie in Ihre Arbeit investieren, klug zu nutzen.

Eine Möglichkeit, schlauer zu arbeiten, besteht darin, Ihre Zeit zu planen und zu organisieren. Erstellen Sie einen Arbeitsplan, der Ihre Ziele und Prioritäten berücksichtigt, und vermeiden Sie Ablenkungen, die Sie von Ihrer Arbeit abhalten können. Setzen Sie sich realistische Ziele und feiern Sie Ihre Erfolge, um motiviert zu bleiben und Ihre Produktivität zu steigern.

Ein weiterer wichtiger Aspekt ist es, sich auf die wichtigsten Aufgaben zu konzentrieren und effiziente Arbeitsmethoden zu nutzen. Dazu gehört auch, Ihre Arbeit zu automatisieren, wo immer es möglich ist. Automatisierung kann Ihnen helfen, Zeit und Energie zu sparen, indem sie wiederkehrende Aufgaben automatisch erledigt, so dass Sie sich auf wichtigere Aufgaben konzentrieren können.

Ein weiterer wichtiger Aspekt ist es, auf dem Laufenden zu bleiben und die neuesten Technologien und Werkzeuge zu nutzen, um Ihre Arbeit zu vereinfachen und effizienter zu gestalten. Nutzen Sie Tools wie Online-Kollaborationstools, digitale To-Do-Listen und Projektmanagement-Software, um Ihre Arbeitsabläufe zu optimieren und effizienter zu arbeiten.

Es ist auch wichtig, sich Zeit für Entspannung und Erholung zu nehmen, um ein gesundes Gleichgewicht zwischen Arbeit und Privatleben zu schaffen. Dies kann dazu beitragen, Burnout zu vermeiden und Ihre Produktivität zu steigern, indem Sie ausgeruht und erfrischt sind.

Zusätzlich zu den bereits genannten Punkten gibt es noch weitere wichtige Faktoren, um hart und schlau zu arbeiten. Einer davon ist, das richtige Maß an Engagement und Einsatz zu finden. Es ist wichtig, hart zu arbeiten und Ihre Ziele zu verfolgen, aber Sie sollten auch darauf achten, nicht zu viel zu arbeiten und sich selbst zu überlasten. Finden Sie das richtige Gleichgewicht, um produktiv und gesund zu bleiben.

Eine weitere Möglichkeit, schlauer zu arbeiten, ist, sich Zeit für kontinuierliches Lernen und Weiterbildung zu nehmen. Lesen Sie Bücher, nehmen Sie an Kursen oder Webinaren teil und suchen Sie nach Mentoren oder Netzwerken, die Sie unterstützen können. Indem Sie Ihr Wissen und Ihre Fähigkeiten ständig erweitern, können Sie nicht nur effizienter arbeiten, sondern auch wettbewerbsfähiger und erfolgreicher werden.

Ein weiterer wichtiger Faktor für hartes und kluges Arbeiten ist die Fähigkeit, Probleme zu lösen und Herausforderungen zu bewältigen. Stellen Sie sich den Herausforderungen, die auf Ihrem Weg auftauchen, und suchen Sie nach Lösungen, die Ihren Zielen und Bedürfnissen entsprechen. Seien Sie flexibel und anpassungsfähig, um schnell auf Veränderungen und neue Möglichkeiten zu reagieren.

Schließlich ist es wichtig, um Unterstützung und Hilfe zu bitten, wenn Sie sie benötigen. Niemand kann alles alleine bewältigen, und es ist keine Schande, um Hilfe zu bitten. Suchen Sie nach Mentoren oder anderen Experten, die Ihnen wertvolle Ratschläge und Anleitungen geben können, oder delegieren Sie bestimmte Aufgaben, um sich auf Ihre Kernkompetenzen zu konzentrieren.

Zusammenfassend ist es wichtig, hart und schlau zu arbeiten, um erfolgreich zu sein. Finden Sie das richtige Gleichgewicht zwischen Engagement und Entspannung, erweitern Sie ständig Ihr Wissen und Ihre Fähigkeiten, stellen Sie sich Herausforderungen und suchen Sie nach Lösungen, und bitten Sie um Unterstützung, wenn Sie sie benötigen. Durch diese Schritte können Sie Ihre Produktivität steigern, Ihre Ziele erreichen und erfolgreich werden.

Kapitel 8
(Verwalten Sie Ihr Geld richtig)

Das achte Kapitel des Buches "Verwalten Sie Ihr Geld richtig" ist von entscheidender Bedeutung für jeden, der finanzielle Stabilität und Wohlstand anstrebt. Wenn Sie erfolgreich Geld verdienen möchten, ist es wichtig, dass Sie eine gute finanzielle Grundlage schaffen und sicherstellen, dass Sie Ihr Geld richtig verwalten. Im Folgenden finden Sie einige wichtige Tipps und Strategien, die Sie beachten sollten, um Ihr Geld richtig zu verwalten:

1. Erstellen Sie ein Budget: Ein Budget ist eine der wichtigsten Voraussetzungen für eine erfolgreiche Geldverwaltung. Indem Sie Ihre Einnahmen und Ausgaben aufschlüsseln, können Sie Ihre Finanzen besser überwachen und verwalten. Stellen Sie sicher, dass Sie in Ihrem Budget auch langfristige Ziele wie Sparziele oder Investitionen berücksichtigen.

2. Setzen Sie Prioritäten: Es ist wichtig, dass Sie Prioritäten setzen, wenn es um Ihre Finanzen geht. Stellen Sie sicher, dass Sie Ihre wichtigsten finanziellen Ziele zuerst erreichen, bevor Sie Ihr Geld für unnötige Dinge ausgeben.

3. Bauen Sie ein Notfallfonds auf: Ein Notfallfonds ist eine wichtige Absicherung gegen unerwartete Ausgaben oder Einkommensverluste. Stellen Sie sicher, dass Sie genügend Geld beiseitelegen, um mindestens drei bis sechs Monate Ihrer Ausgaben zu decken.

4. Schuldenmanagement: Wenn Sie Schulden haben, ist es wichtig, diese so schnell wie möglich abzuzahlen. Setzen Sie Prioritäten, um die Schulden mit den höchsten Zinsen zuerst abzubezahlen, und suchen Sie nach Möglichkeiten, um Ihre monatlichen Zahlungen zu reduzieren.

5. Investieren Sie Ihr Geld: Eine der besten Möglichkeiten, um langfristigen Wohlstand aufzubauen, ist das Investieren. Stellen Sie sicher, dass Sie Ihre Investitionen sorgfältig auswählen und diversifizieren, um das Risiko zu minimieren.

6. Planen Sie für den Ruhestand: Es ist nie zu früh, um mit der Planung für den Ruhestand zu beginnen. Stellen Sie sicher, dass Sie regelmäßig in Ihre Altersvorsorge investieren und Ihre finanziellen Ziele für den Ruhestand festlegen.

7. Arbeiten Sie mit einem Finanzberater zusammen: Wenn Sie sich bei der Verwaltung Ihres Geldes unsicher fühlen, kann es sinnvoll sein, sich mit einem Finanzberater zusammenzuarbeiten. Ein erfahrener Berater kann Ihnen helfen, Ihre Ziele zu erreichen und Ihre Finanzen effektiver zu verwalten.

Sobald Sie anfangen, Geld zu verdienen, ist es wichtig, eine kluge Finanzplanung zu haben und Ihre Ausgaben zu verwalten, um sicherzustellen, dass Sie langfristig erfolgreich bleiben. Im achten Kapitel des Buches "Verwalten Sie Ihr Geld richtig" geht es darum, wie Sie Ihre Finanzen auf intelligente Weise verwalten können.

Eine der grundlegenden Methoden, um Ihre Finanzen zu verwalten, ist es, ein Budget zu erstellen. Ein Budget hilft Ihnen dabei, Ihre Einnahmen und Ausgaben zu überwachen und sicherzustellen, dass Sie nicht über Ihre Verhältnisse leben. Es kann auch helfen, Geld für zukünftige Investitionen und finanzielle Ziele zu sparen.

Eine weitere wichtige Fähigkeit bei der Verwaltung Ihres Geldes ist es, Schulden zu vermeiden oder zu reduzieren. Kreditkarten, Darlehen und andere Arten von Schulden können schnell außer Kontrolle geraten und hohe Zinsen und Gebühren verursachen, die es schwierig machen, sich finanziell zu erholen. Es ist wichtig, Schulden so schnell wie möglich zurückzuzahlen und in Zukunft Schulden zu vermeiden, indem Sie nur das ausgeben, was Sie sich leisten können.

Investitionen sind auch ein wichtiger Bestandteil der Geldverwaltung. Sie können dazu beitragen, Ihr Vermögen zu steigern und ein passives Einkommen zu generieren. Es ist jedoch wichtig, Ihre Investitionen gründlich zu recherchieren und sicherzustellen, dass Sie eine kluge Entscheidung treffen, die zu Ihrem Risikoprofil passt. Sie sollten auch ein diversifiziertes Portfolio haben, um das Risiko zu minimieren.

Schließlich ist es wichtig, immer ein Auge auf Ihre Finanzen zu haben. Überprüfen Sie regelmäßig Ihr Bankkonto, Ihre Kreditkartenabrechnungen und andere Finanzinformationen, um sicherzustellen, dass alles in Ordnung ist. Wenn Sie ein Unternehmen führen, ist es wichtig, alle Ihre Finanzdaten sorgfältig zu überwachen und zu verfolgen, um sicherzustellen, dass Sie auf dem richtigen Weg bleiben.

Insgesamt geht es in diesem Kapitel darum, die Kontrolle über Ihre Finanzen zu übernehmen, um ein finanziell stabiles Leben zu führen. Es gibt viele Ressourcen und Werkzeuge, die Ihnen dabei helfen können, Ihre Finanzen zu verwalten, und es ist wichtig, diese zu nutzen, um sicherzustellen, dass Sie auf dem richtigen Weg bleiben.

Kapitel 9

(Netzwerken Sie)

Das neunte Kapitel des Buches "Netzwerken Sie" ist ein wichtiger Bestandteil für jeden, der in der Geschäftswelt erfolgreich sein will. Es geht darum, Beziehungen aufzubauen und zu pflegen, um in der Lage zu sein, Unterstützung, Ratschläge und Geschäftsmöglichkeiten zu finden.

Netzwerken kann auf viele verschiedene Arten erfolgen. Einige Menschen bevorzugen persönliche Treffen oder Networking-Veranstaltungen, während andere soziale Medien und Online-Netzwerke bevorzugen. Egal für welchen Ansatz man sich entscheidet, es ist wichtig, eine Methode zu finden, die für einen selbst funktioniert und bei der man sich wohl fühlt.

Eine der besten Möglichkeiten, um erfolgreich zu netzwerken, ist, Kontakte in der Branche zu knüpfen und zu pflegen. Wenn man in der Lage ist, sich mit anderen Personen in der Branche zu vernetzen, kann man wertvolle Informationen und Einsichten gewinnen. Es ist jedoch wichtig, sich bewusst zu sein, dass Netzwerken keine Einbahnstraße ist. Man muss nicht nur auf der Suche nach Unterstützung und Hilfe sein, sondern auch bereit sein, anderen zu helfen und Ratschläge zu geben.

In der heutigen Zeit kann Networking auch online erfolgen. Es gibt viele soziale Medien und professionelle Netzwerke wie LinkedIn, die es leicht machen, Kontakte zu knüpfen und Geschäftsbeziehungen aufzubauen. Es ist wichtig, in diesen Netzwerken präsent zu sein, regelmäßig zu posten und aktiv an Diskussionen teilzunehmen, um sich zu vernetzen.

In der heutigen globalisierten Wirtschaft ist Netzwerken von entscheidender Bedeutung. Es kann dazu beitragen, potenzielle

Kunden oder Geschäftspartner zu finden, Karrieremöglichkeiten zu entdecken, Brancheninformationen zu sammeln und vieles mehr. Netzwerken kann jedoch auch eine Herausforderung darstellen, insbesondere für introvertierte Personen oder solche, die Schwierigkeiten haben, auf andere zuzugehen.

Eine Möglichkeit, um erfolgreich zu netzwerken, ist die Teilnahme an Networking-Veranstaltungen. Diese können in der eigenen Branche oder in verwandten Branchen stattfinden und bieten die Möglichkeit, Gleichgesinnte zu treffen und neue Kontakte zu knüpfen. Bei der Auswahl von Networking Events ist es wichtig, sorgfältig zu planen und nur solche zu wählen, die für die eigenen Geschäftsziele relevant sind.
Darüber hinaus können auch informelle Networking-Möglichkeiten genutzt werden, wie zum Beispiel bei der Teilnahme an Konferenzen oder Branchenveranstaltungen. Es ist wichtig, sich Zeit zu nehmen, um mit anderen Teilnehmern zu sprechen und sich mit ihnen zu vernetzen.

In der heutigen digitalen Welt kann auch Online-Netzwerken ein wirksames Mittel sein. Online-Plattformen wie LinkedIn oder Twitter können genutzt werden, um mit anderen Personen in der Branche in Kontakt zu treten und Beziehungen aufzubauen. Es ist jedoch wichtig, sich bewusst zu sein, dass Online-Netzwerken kein Ersatz für persönliche Beziehungen ist. Es ist wichtig, persönliche Kontakte aufrechtzuerhalten und auch persönliche Treffen zu vereinbaren.

Netzwerken kann auch helfen, eine Karriere voranzutreiben. Es kann dabei helfen, neue Arbeitsmöglichkeiten oder Karriereschritte zu finden und wertvolle Kontakte zu knüpfen, die bei der Karriereentwicklung hilfreich sein können. Netzwerken kann auch dazu beitragen, das Vertrauen und das Selbstvertrauen zu stärken, indem man sich mit anderen Menschen in der Branche vernetzt und sich mit ihnen austauscht.

Insgesamt ist Networking ein wichtiger Bestandteil des Geschäftslebens, der helfen kann, eine Karriere zu fördern, Geschäftsbeziehungen aufzubauen und die Chancen auf Erfolg zu erhöhen. Es erfordert Engagement und Zeit, aber die Belohnungen können unermesslich sein. Wenn man bereit ist, hart zu arbeiten und Beziehungen aufzubauen, kann man sich ein Netzwerk aufbauen, das von unschätzbarem Wert ist.

Kapitel 10
(Seien Sie kreativ und innovativ)

Das zehnte Kapitel des Buches "Seien Sie kreativ und innovativ" behandelt die Bedeutung von Kreativität und Innovation im Geschäftsbereich. In der heutigen schnelllebigen Geschäftswelt ist es wichtig, sich von der Konkurrenz abzuheben und innovative Ideen zu entwickeln, um die Bedürfnisse der Kunden besser zu erfüllen und neue Marktnischen zu erschließen.

Kreativität ist der Schlüssel zur Lösung von Problemen und zur Schaffung von etwas Neuem, das es in der Vergangenheit noch nicht gegeben hat. Um kreativ zu sein, müssen Sie Ihre Perspektive ändern und neue Ideen und Konzepte entwickeln. Sie sollten auch offen sein für Feedback und bereit sein, Risiken einzugehen.

Innovation geht über die Schaffung neuer Ideen hinaus und umfasst auch die Umsetzung und Implementierung dieser Ideen in konkrete Projekte und Produkte. Es erfordert eine systematische Vorgehensweise, um Ideen in die Tat umzusetzen und den Wert zu schaffen, den die Kunden suchen.

Es gibt viele Möglichkeiten, um kreativ und innovativ zu sein, wie zum Beispiel das Entwickeln von neuen Produkten, die Verbesserung von bestehenden Produkten, die Erschließung neuer Märkte oder die Implementierung von neuen Geschäftsmodellen. Es ist wichtig, dass Sie sich Zeit nehmen, um über neue Ideen nachzudenken und diese in die Tat umzusetzen, um das Wachstum Ihres Unternehmens voranzutreiben.

Indem Sie kreativ und innovativ sind, können Sie nicht nur die Bedürfnisse Ihrer Kunden besser erfüllen, sondern auch neue Möglichkeiten für Wachstum und Expansion schaffen. Es ist ein wichtiges Kapitel für jeden, der daran interessiert ist, sein Geschäft auf die nächste Stufe zu bringen und erfolgreich zu werden. Kreativität und Innovation sind nicht nur für Start-ups und neue Unternehmen wichtig, sondern auch für etablierte Unternehmen. In einer sich ständig verändernden Geschäftswelt ist es notwendig, sich anzupassen und neue Wege zu finden, um konkurrenzfähig zu bleiben. Unternehmen, die nicht innovativ sind, können schnell von ihren Konkurrenten überholt werden.

Eine Möglichkeit, kreativ und innovativ zu sein, besteht darin, Kundenfeedback und Markttrends zu nutzen, um neue Produkte und Dienstleistungen zu entwickeln. Unternehmen sollten eng mit ihren Kunden zusammenarbeiten, um ihre Bedürfnisse und Wünsche zu verstehen, und dann neue Produkte und Dienstleistungen entwickeln, um diese Bedürfnisse zu erfüllen. Die Verwendung von Datenanalyse-Tools kann auch helfen, Trends in der Branche zu identifizieren und darauf zu reagieren.

Ein weiterer wichtiger Aspekt von Kreativität und Innovation ist die Schaffung einer Kultur, die kreatives Denken fördert. Unternehmen sollten ein Umfeld schaffen, das Mitarbeiter dazu ermutigt, neue Ideen und Konzepte zu entwickeln und Risiken einzugehen. Eine positive und unterstützende Arbeitsumgebung kann dazu beitragen, dass Mitarbeiter sich wohl fühlen und ihre Kreativität entfalten können.

Es ist auch wichtig, sich auf neue Technologien zu konzentrieren und diese in das Geschäft zu integrieren. Neue Technologien können dazu beitragen, Prozesse zu automatisieren, Effizienz zu steigern und neue Geschäftsmöglichkeiten zu schaffen. Unternehmen sollten stets auf dem neuesten Stand der Technik bleiben und sich über neue Entwicklungen in ihrer Branche auf dem Laufenden halten.

Insgesamt kann Kreativität und Innovation dazu beitragen, ein Unternehmen auf die nächste Stufe zu bringen. Unternehmen sollten sich darauf konzentrieren, eine Kultur zu schaffen, die kreatives Denken fördert, Kundenfeedback und Markttrends nutzt, auf neue Technologien setzt und Risiken eingeht, um Wachstum und Erfolg zu fördern. Das Kapitel "Seien Sie kreativ und innovativ" ist ein wichtiger Leitfaden für jeden, der daran interessiert ist, sein Geschäft auf die nächste Stufe zu bringen und erfolgreich zu werden.

Kapitel 11
(Nutzen Sie Affiliate-Marketing)

Affiliate-Marketing ist eine Methode des Online-Marketings, bei der ein Affiliate (auch bekannt als Partner oder Publisher) Produkte oder Dienstleistungen eines Werbetreibenden (auch bekannt als Merchant oder Advertiser) bewirbt. Der Affiliate erhält eine Provision für jeden Verkauf, der über seinen speziellen Affiliate-Link generiert wird.

Um als Affiliate zu starten, müssen Sie zunächst eine Nische wählen, die sich für Affiliate-Marketing eignet. Dies kann eine Nische sein, in der es eine hohe Nachfrage nach bestimmten Produkten oder Dienstleistungen gibt, wie zum Beispiel Fitness, Schönheit oder Finanzen.

Als nächstes sollten Sie sich bei einer oder mehreren Affiliate-Netzwerken anmelden. Diese Netzwerke verbinden Affiliates mit Werbetreibenden und bieten eine Vielzahl von Produkten und Dienstleistungen an, die Sie als Affiliate bewerben können. Einige der bekanntesten Affiliate-Netzwerke sind Amazon Associates, ShareASale und Clickbank.

Sobald Sie sich bei einem Affiliate-Netzwerk angemeldet haben, können Sie nach Produkten suchen, die zu Ihrer Nische passen, und sich für diese Programme bewerben. Wenn Sie akzeptiert werden, erhalten Sie spezielle Affiliate-Links, die Sie auf Ihrer Website, in Ihren sozialen Medien oder in Ihren E-Mails verwenden können.

Es ist wichtig, dass Sie Produkte bewerben, die für Ihre Zielgruppe relevant sind, da Sie sonst möglicherweise nicht viele Verkäufe generieren werden. Sie sollten auch sicherstellen, dass Sie den Affiliate-Link auf eine ansprechende und überzeugende Art und Weise präsentieren, um Ihre Conversion-Rate zu maximieren.

Einige Affiliate-Programme bieten auch zusätzliche Anreize wie Gutscheine oder exklusive Angebote für Ihre Zuschauer oder Follower. Es kann sich lohnen, diese zusätzlichen Vorteile zu nutzen, um Ihre Zuschauer zu motivieren, über Ihren Affiliate-Link zu kaufen.

Schließlich ist es wichtig, Ihre Affiliate-Marketing-Strategie kontinuierlich zu überwachen und zu optimieren. Überwachen Sie Ihre Conversion-Rate, analysieren Sie Ihre Statistiken und testen Sie verschiedene Ansätze, um herauszufinden, was für Ihre Zielgruppe am besten funktioniert.
Insgesamt erfordert Affiliate-Marketing viel Planung und Durchführung, aber wenn Sie es richtig machen, kann es eine profitable Einkommensquelle sein.

Kapitel 12
(Investieren Sie in Aktien und Kryptowährungen)

Das Investieren in Aktien und Kryptowährungen ist ein Thema, das in den letzten Jahren immer mehr an Bedeutung gewonnen hat. Viele Menschen sehen darin eine Chance, ihr Geld zu vermehren und langfristig Vermögen aufzubauen. Allerdings birgt diese Art des Investments auch gewisse Risiken, daher ist es wichtig, sich vorab gründlich zu informieren.

Wenn Sie in Aktien investieren möchten, sollten Sie sich zunächst mit den Grundlagen des Aktienmarkts vertraut machen. Dazu gehört das Verständnis von Begriffen wie Dividenden, Kurs-Gewinn-Verhältnis (KGV) oder Marktkapitalisierung. Es ist auch wichtig, die verschiedenen Arten von Aktien zu verstehen, wie beispielsweise Blue-Chip-Aktien, Wachstumsaktien oder Value-Aktien.

Wenn es um Kryptowährungen geht, ist es wichtig zu beachten, dass es sich hier um eine relativ neue Anlageklasse handelt. Die Volatilität der Kryptowährungen kann sehr hoch sein, was bedeutet, dass der Wert schnell schwanken kann. Es ist daher ratsam, sich zuerst über die verschiedenen Arten von Kryptowährungen zu informieren, wie zum Beispiel Bitcoin, Ethereum oder Litecoin, bevor man in eine investiert.

Wenn Sie sich entscheiden, in Aktien oder Kryptowährungen zu investieren, ist es wichtig, eine klare Strategie zu entwickeln. Eine solide Strategie basiert auf einer gründlichen Analyse und Erforschung der Märkte und Unternehmen, in die Sie investieren möchten. Sie sollten auch immer diversifizieren, d.h. nicht alles Geld in eine einzige Aktie oder Kryptowährung investieren.

Eine weitere Möglichkeit, in Aktien und Kryptowährungen zu investieren, ist die Verwendung von Investmentfonds oder ETFs. Diese Fonds ermöglichen es Ihnen, in eine Vielzahl von verschiedenen Aktien oder Kryptowährungen zu investieren, was das Risiko reduziert und das Potenzial für Wachstum erhöht.

Kryptowährungen bieten verschiedene Möglichkeiten, um Geld zu verdienen. Hier sind einige der bekanntesten:

1. Mining: Kryptowährungen werden durch komplexe mathematische Berechnungen erzeugt, die als Mining bezeichnet werden. Indem Sie eine Mining-Hardware und -Software nutzen, können Sie dazu beitragen, Transaktionen auf der Blockchain zu verifizieren und neue Einheiten der Kryptowährung zu generieren.

2. Handel: Der Handel mit Kryptowährungen ist ähnlich wie der Handel mit Aktien oder Devisen. Sie kaufen eine Kryptowährung, wenn Sie glauben, dass ihr Preis steigen wird, und verkaufen sie, wenn Sie denken, dass ihr Preis sinken wird. Sie können dies auf Kryptowährungsbörsen oder auf spezialisierten Plattformen tun.

3. Staking: Staking bezieht sich auf das Halten von Kryptowährungen in einer Wallet, um die Integrität des Netzwerks zu unterstützen und Belohnungen zu erhalten. Im Gegensatz zum Mining ist das Staking weniger energieintensiv und erfordert weniger technisches Wissen.

4.   ICOs: Initial Coin Offerings (ICOs) sind eine Möglichkeit, um in neue Kryptowährungen zu investieren. Es handelt sich dabei um Crowdfunding-Projekte, bei denen Unternehmen Kryptowährungen an Investoren verkaufen, um ihre Projekte zu finanzieren. Der Erfolg von ICOs ist jedoch nicht garantiert und es gibt auch viele Betrugsfälle in diesem Bereich.

Es gibt auch verschiedene Möglichkeiten, um mit Kryptowährungen Handel zu betreiben und Geld zu verdienen. Im Folgenden sind einige der gebräuchlichsten Handelsmöglichkeiten aufgeführt:

1.   Spot-Handel: Der Spot-Handel bezieht sich auf den Kauf und Verkauf von Kryptowährungen zum aktuellen Marktpreis. Dies ist der einfachste Weg, um mit Kryptowährungen zu handeln und kann über verschiedene Börsenplattformen erfolgen. Es ist wichtig, die aktuellen Marktbedingungen und Trends zu berücksichtigen, um die besten Kauf- und Verkaufszeitpunkte zu finden.

2.   Margin-Handel: Der Margin-Handel ermöglicht es einem Händler, Kryptowährungen mit geliehenem Geld zu kaufen oder zu verkaufen. Dies bedeutet, dass der Händler eine Hebelwirkung nutzt, um größere Positionen zu eröffnen, als er sich leisten könnte. Es ist jedoch wichtig zu beachten, dass Margin-Handel ein höheres Risiko mit sich bringt, da die Hebelwirkung sowohl den Gewinn als auch den Verlust vergrößert.

3.   Futures-Handel: Der Futures-Handel bezieht sich auf den Kauf oder Verkauf von Kryptowährungen zu einem bestimmten Zeitpunkt in der Zukunft zu einem festgelegten Preis. Dies kann über Futures-Börsen oder Krypto-Börsen mit Futures-Kontrakten erfolgen. Futures-Handel kann ein höheres Risiko mit sich bringen, aber auch höhere Gewinne ermöglichen.

4.   Krypto-Arbitrage: Krypto-Arbitrage bezieht sich auf den Kauf
      von Kryptowährungen auf einer Börse und den gleichzeitigen
      Verkauf auf einer anderen Börse, um von Preisunterschieden
      zu profitieren. Dies erfordert eine schnelle Reaktionszeit und ist
      in der Regel nur für erfahrene Händler geeignet.

5.   Staking: Krypto-Staking bezieht sich darauf, dass Händler ihre
      Kryptowährungen in einer Wallet oder auf einer Börse halten
      und dafür belohnt werden, dass sie die Blockchain validieren.
      Staking erfordert oft eine Mindestmenge an Kryptowährungen
      und kann eine langfristige Investition sein.

Es ist wichtig, die Risiken und Chancen jeder Handelsstrategie zu
verstehen und sich gründlich zu informieren, bevor man mit dem
Handel von Kryptowährungen beginnt. Einige Händler kombinieren
auch verschiedene
Handelsstrategien, um ein ausgewogenes Risiko- und Gewinnprofil
zu erreichen.

Kapitel 13
(Verkaufen Sie Ihre Fähigkeiten und Talente online)

Das Internet hat in den letzten Jahren eine Fülle neuer Möglichkeiten geschaffen, um Geld zu verdienen. Eine der besten Möglichkeiten ist der Verkauf von Fähigkeiten und Talenten online. Egal ob Sie ein talentierter Künstler, ein professioneller Schriftsteller oder ein erfahrener Programmierer sind, es gibt immer eine Möglichkeit, Ihre Fähigkeiten online zu verkaufen.

Ein wichtiger erster Schritt bei dieser Art von Geldverdienen ist, eine Plattform zu finden, auf der Sie Ihre Dienstleistungen anbieten können. Es gibt viele Online-Plattformen wie Fiverr, Upwork oder Freelancer, auf denen Sie Ihre Fähigkeiten und Talente anbieten können. Diese Plattformen verbinden Sie mit potenziellen Kunden, die nach spezifischen Fähigkeiten suchen.

Es ist wichtig, dass Sie sich von anderen Anbietern abheben, indem Sie ein Portfolio erstellen, das Ihre Arbeit zeigt. Sie können auch Kundenbewertungen und Feedback nutzen, um Ihre Glaubwürdigkeit und Expertise zu verbessern. Es ist auch wichtig, dass Sie Ihre Preise konkurrenzfähig halten, aber auch sicherstellen, dass Sie fair für Ihre Arbeit bezahlt werden.

Wenn Sie eine etablierte Online-Präsenz haben, können Sie auch Ihre eigenen Dienste und Produkte verkaufen. Sie können eine Website erstellen und digitale Produkte wie E-Books, Online-Kurse oder Webinare anbieten. Es gibt auch die Möglichkeit, physische Produkte zu verkaufen, wie z.B. Kunstwerke, handgemachte Gegenstände oder andere Gegenstände, die mit Ihren Fähigkeiten und Talenten verbunden sind.

Die Vermarktung Ihrer Fähigkeiten und Talente online erfordert auch eine gewisse Fähigkeit zur Selbstvermarktung. Sie müssen in der Lage sein, sich selbst und Ihre Arbeit zu präsentieren und potenzielle Kunden davon zu überzeugen, dass Sie der richtige Anbieter für ihre Bedürfnisse sind. Es ist auch wichtig, eine klare und effektive Kommunikation aufrechtzuerhalten, um sicherzustellen, dass Sie die Erwartungen Ihrer Kunden erfüllen.

Um erfolgreich zu sein, ist es wichtig, Ihre Fähigkeiten und Talente in einem Bereich zu vermarkten, in dem Sie einzigartig sind. Sie sollten auch Ihre Zielgruppe kennen und sicherstellen, dass Sie qualitativ hochwertige Dienstleistungen und Produkte anbieten. Eine starke Online-Präsenz und Marketingstrategien können auch dazu beitragen, Ihr Geschäft zu fördern und Ihre Reichweite zu vergrößern.

Kapitel 14

(Starten Sie ein Online-Geschäft)

Das Kapitel "Starten Sie ein Online-Geschäft" ist eine der besten Möglichkeiten, um heutzutage ein Einkommen zu generieren. In der heutigen digitalen Welt sind die Möglichkeiten nahezu unbegrenzt. Es gibt zahlreiche Optionen, um ein Online-Geschäft zu starten, wie zum Beispiel E-Commerce-Shops, digitale Produkte, Dienstleistungen und vieles mehr.

Eine der effektivsten Möglichkeiten, ein Online-Geschäft zu starten, ist ein E-Commerce-Shop. E-Commerce-Shops bieten Ihnen die Möglichkeit, Ihre eigenen Produkte oder Produkte von anderen zu verkaufen. Sie können Produkte von AliExpress, Amazon oder anderen Websites beziehen und in Ihrem eigenen Shop verkaufen. Ein weiterer Vorteil ist, dass Sie Ihren Shop jederzeit und von überall aus verwalten können.

Digitale Produkte sind ein weiteres lukratives Geschäftsmodell. Sie können beispielsweise ein E-Book, eine Online-Kurs oder eine App erstellen und verkaufen. Digitale Produkte haben den Vorteil, dass Sie sie einmal erstellen können und dann unbegrenzt verkaufen können, ohne dass Sie zusätzliche Kosten für die Produktion haben. Zudem können Sie digitale Produkte von überall auf der Welt aus verkaufen.

Eine andere Option ist die Bereitstellung von Dienstleistungen. Sie können beispielsweise eine Website für Unternehmen erstellen, SEO-Dienstleistungen anbieten oder als virtueller Assistent tätig sein. Dienstleistungen haben den Vorteil, dass Sie Ihre vorhandenen Fähigkeiten und Kenntnisse nutzen können, um ein Online-Geschäft aufzubauen.

Bevor Sie jedoch ein Online-Geschäft starten, sollten Sie sich über die Risiken und Herausforderungen im Klaren sein. Sie müssen Zeit und Energie investieren, um Ihre Produkte oder Dienstleistungen zu erstellen, zu verkaufen und zu bewerben. Zudem müssen Sie sich mit den rechtlichen Anforderungen und den Steuervorschriften auseinandersetzen.

Um ein erfolgreiches Online-Geschäft aufzubauen, ist es wichtig, eine klare Strategie zu entwickeln und sich auf eine Nische oder Branche zu konzentrieren. Sie sollten sich auch mit den neuesten Trends und Entwicklungen im E-Commerce vertraut machen und sich ständig weiterbilden, um Ihre Fähigkeiten zu verbessern. Mit der richtigen Einstellung, viel harten Arbeit und einer klugen Strategie können Sie ein lukratives Online-Geschäft aufbauen, das Ihnen finanzielle Freiheit und Erfolg bringt.

Das Starten eines Online-Geschäfts kann eine lohnende Möglichkeit sein, um Geld zu verdienen und sich beruflich zu entfalten. Im Vergleich zu einem physischen Geschäft gibt es viele Vorteile, die ein Online-Geschäft bietet, wie z.B. geringere Startkosten, größere Reichweite und Flexibilität.

Ein wichtiger erster Schritt beim Starten eines Online-Geschäfts ist die Wahl eines Produkts oder einer Dienstleistung, die man verkaufen möchte. Es kann sich um etwas handeln, was man bereits anbietet oder um etwas Neues, das man gerne ausprobieren möchte. Wichtig ist, dass man sich auf etwas konzentriert, was man gut kann und was auch eine Nachfrage hat.

Eine Möglichkeit, um ein Online-Geschäft zu starten, ist die Erstellung einer eigenen Webseite oder eines Online-Shops. Es gibt viele Plattformen, die sich auf die Erstellung von Online-Shops spezialisiert haben, wie z.B. Shopify oder WooCommerce. Diese Plattformen bieten eine Vielzahl von Tools und Vorlagen, um den Prozess der Erstellung eines Online-Shops zu vereinfachen.

Ein weiterer wichtiger Faktor beim Starten eines Online-Geschäfts ist die Marketing-Strategie. Man kann die beste Webseite oder das beste Produkt haben, aber wenn man nicht in der Lage ist, potenzielle Kunden anzusprechen, wird das Online-Geschäft nicht erfolgreich sein. Social-Media-Plattformen wie Facebook, Instagram und Twitter bieten eine kostengünstige Möglichkeit, um das eigene Online-Geschäft zu bewerben.

Eine weitere Möglichkeit, um ein Online-Geschäft zu starten, ist durch den Verkauf auf Online-Marktplätzen wie Amazon oder eBay. Diese Plattformen bieten eine größere Reichweite und können den Verkaufsprozess vereinfachen. Allerdings gibt es auch Einschränkungen, wie z.B. Gebühren und Einschränkungen bei der Gestaltung der eigenen Verkaufsseite.

Um erfolgreich ein Online-Geschäft zu betreiben, ist es wichtig, sich auf die Kundenzufriedenheit zu konzentrieren. Kundenbewertungen und Feedback sind sehr wichtig, um das eigene Online-Geschäft kontinuierlich zu verbessern und zu optimieren.

Zusammenfassend bietet das Starten eines Online-Geschäfts viele Möglichkeiten, um Geld zu verdienen und sich beruflich zu entfalten. Es erfordert jedoch Zeit, Geduld und harte Arbeit, um erfolgreich zu sein. Mit der richtigen Produktwahl, einer effektiven Marketing-Strategie und einer Fokussierung auf die Kundenzufriedenheit kann man ein erfolgreiches Online-Geschäft aufbauen.

Kapitel 15

(Werden Sie ein Experte auf einem bestimmten Gebiet)

Im fünfzehnten Kapitel des Buches geht es darum, ein Experte auf einem bestimmten Gebiet zu werden. Dies ist ein wichtiger Schritt, um langfristig Erfolg zu haben und sich von der Konkurrenz abzuheben.

Um ein Experte zu werden, müssen Sie sich auf ein bestimmtes Gebiet konzentrieren und sich darin spezialisieren. Dies erfordert viel Arbeit, Recherche und Engagement, aber es lohnt sich, da es Ihnen ermöglicht, ein tieferes Verständnis für das Thema zu entwickeln und wertvolle Einblicke zu gewinnen, die anderen fehlen.

Um ein Experte zu werden, können Sie verschiedene Ansätze wählen. Eine Möglichkeit besteht darin, sich durch akademische Studien und Abschlüsse in dem gewünschten Bereich zu qualifizieren. Eine andere Möglichkeit besteht darin, praktische Erfahrung durch Arbeit in diesem Bereich zu sammeln oder durch das Gründen eines Unternehmens in diesem Bereich.

Es ist auch wichtig, regelmäßig auf dem neuesten Stand zu bleiben und sich über die neuesten Entwicklungen und Trends auf dem Laufenden zu halten. Dies kann durch die Teilnahme an Konferenzen und Workshops, die Teilnahme an Online-Kursen und Schulungen sowie durch das Lesen von Büchern und Artikeln erreicht werden.

Darüber hinaus ist es wichtig, Ihre Expertise bekannt zu machen, indem Sie Blog-Beiträge schreiben, Podcasts erstellen oder Videos auf YouTube hochladen. Auf diese Weise können Sie Ihre Reichweite erhöhen und Ihre Glaubwürdigkeit stärken, was dazu beiträgt, dass Menschen auf Sie als Experten in Ihrem Bereich aufmerksam werden.

Hier sind einige informative Informationen und Tipps:

1. Wählen Sie ein Gebiet, das Sie interessiert: Es ist wichtig, dass Sie ein Gebiet wählen, das Sie wirklich interessiert und in dem Sie sich wohl fühlen. Wenn Sie sich für ein Thema begeistern, wird es Ihnen leichter fallen, sich auf dieses Thema zu konzentrieren und ein Experte zu werden.

2. Informieren Sie sich über das Thema: Wenn Sie ein Experte in einem bestimmten Gebiet werden möchten, müssen Sie viel über das Thema lesen und recherchieren. Sie können Bücher, Online-Artikel, Fachzeitschriften und wissenschaftliche Veröffentlichungen lesen. Sie können auch an Konferenzen, Workshops und Schulungen teilnehmen, um Ihr Wissen zu erweitern.

3. Schreiben Sie über das Thema: Eine Möglichkeit, Ihr Wissen zu demonstrieren und als Experte wahrgenommen zu werden, besteht darin, über das Thema zu schreiben. Sie können einen Blog starten, Artikel schreiben oder ein E-Book veröffentlichen. Sie können auch Beiträge in Foren oder auf sozialen Medien veröffentlichen.

4. Sprechen Sie über das Thema: Sie können auch als Redner oder Gast auf Podiumsdiskussionen auftreten, um Ihr Wissen zu teilen. Sie können auch ein Webinar oder einen Online-Kurs zu Ihrem Thema anbieten.

5. Bauen Sie Ihre Marke auf: Wenn Sie als Experte wahrgenommen werden möchten, müssen Sie Ihre Marke aufbauen. Sie können eine Website erstellen, um Ihr Wissen und Ihre Dienstleistungen zu präsentieren. Sie können auch soziale Medien nutzen, um Ihre Präsenz zu erhöhen und ein Publikum aufzubauen.

6. Nutzen Sie Ihre Expertise, um Geld zu verdienen: Sobald Sie als Experte wahrgenommen werden, können Sie Ihre Expertise nutzen, um Geld zu verdienen. Sie können Beratungsdienste anbieten, Seminare oder Workshops abhalten, ein Buch oder ein E-Book verkaufen oder in der Medienbranche arbeiten.

Zusammenfassend lässt sich sagen, dass es viele Möglichkeiten gibt, ein Experte in einem bestimmten Gebiet zu werden und Geld zu verdienen. Es erfordert jedoch viel Arbeit und Hingabe, um das Wissen und die Fähigkeiten zu erwerben, die erforderlich sind, um erfolgreich zu sein. Wenn Sie jedoch bereit sind, hart zu arbeiten und sich auf Ihr Ziel zu konzentrieren, können Sie ein Experte in einem Bereich werden, der Ihnen am Herzen liegt, und Ihr Wissen nutzen, um Ihr Einkommen zu steigern.

Wir hören Ihnen zu: Bitte geben Sie uns Ihr Feedback!

Abschließend kann gesagt werden, dass „Mehr als nur Geld" ein umfassender Leitfaden für alle ist, die ihre finanzielle Zukunft online aufbauen möchten. Das Buch bietet praktische Tipps und Strategien für verschiedene Ansätze, von Affiliate-Marketing bis hin zu Kryptowährungen und Online-Geschäften. Es zeigt auch, wie man seine Fähigkeiten und Talente online verkaufen kann und wie man ein Experte auf einem bestimmten Gebiet wird.

Es ist wichtig zu betonen, dass der Erfolg im Online-Business nicht über Nacht geschieht und harte Arbeit und Ausdauer erfordert. Das Buch motiviert die Leser, durchzuhalten und immer wieder neue Ideen und Strategien auszuprobieren.

Wenn Sie das Buch gelesen haben und es Ihnen gefallen hat, würde ich mich sehr über eine Bewertung freuen. Ihre Meinung ist uns wichtig und hilft uns, unseren Service und unsere Produkte zu verbessern. Vielen Dank für Ihr Interesse an "Geld verdienen im Internet"

www.ingramcontent.com/pod-product-compliance
Lightning Source LLC
Chambersburg PA
CBHW082149230526
45467CB00043B/2699